AF498310

BALLET
DE PSYCHE',
OV
DE LA PVISSANCE
DE L'AMOVR.

Dansé par sa Majesté le 16. jour
de Ianuier 1656.

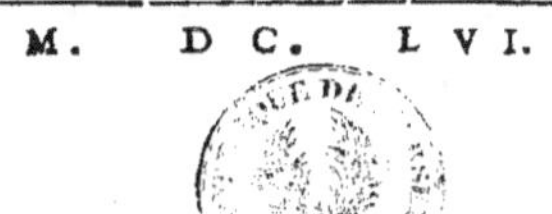

A PARIS,
Par ROBERT BALLARD, seul Imprimeur du Roy
pour la Musique, ruë S. Iean de Beauuais,
au Mont Parnasse.

M. DC. LVI.

BALLET
DE PSYCHE´,
O V
DE LA PVISSANCE
DE L'AMOVR.

Diuifé en deux Parties : Dans la premiere font repre-
fentées les beautez & les delices du Palais d'A-
mour. Et dans la feconde, l'Amour mefme y diuertit la belle Pfyché par la reprefentation d'vne
partie des merueilles qu'il a produites.

PREMIERE PARTIE.

Le Palais d'Amour pareft dans le fonds du Theatre auec
des bois & des païfages aux deux coftez.

La Conftance qui meine au Palais d'Amour fait
le Recit.

RECIT DE LA CONSTANCE.

Mans , qui commencez a poufer des foupirs ,
Sur vn Objet arreftez vos defirs ,
Ne ceffez point d'aymer ce qui vous bleffe ;
Souuenez-vous que c'eft vne foibleffe
D'auoir au cœur de legeres amours ,
Quand on ayme vne fois , il faut aymer toujours.

Ie puis bien ſeurement vous mener par la main
Vers ce Palais dont je ſçay le chemin ,
Mais gardez-vous de ſuiure de faux guides :
Vous n'aurez point de plaiſirs bien ſolides ,
Si vous n'auez de ſolides amours ;
Quand on change vne fois , on veut changer toujours.

PREMIERE ENTRE'E.

Les Quatre Vents qui regnoient
en ces lieux.

Le Marquis de Genlis, M. Cabou, les Sieurs
Beauchamp, & Raynal.

Pour le Marquis de Genlis, *repreſentant vn des Vents.*

LOrs que ce Vent ſe leue au milieu d'vne Salle ,
Où ſa legereté brille par interualle ,
Il eſt bien mal-aiſé qu'on s'en acquite mieux ,
Il n'eſt point de Vent qui l'égale ,
A tous ces beaux Zephyrs il met la poudre aux yeux.

Ses ſoupirs ſont conſtans, il eſt opiniâtre ,
Les Dames qu'il attaque ont peine à le combatre ,
Et pour ce garantir contre ce fâcheux Vent
Qui fait par fois le Diable à quatre ,
Il faut double Chaſsis, & double Parauent.

Qui pis eſt, ſa puiſſance en eſt là paruenuë ,
Que meſme ſans ſoufler, il entre, il s'inſinuë ,
A trauers les rideaux penetre juſqu'aux lits ,
Et c'eſt vne choſe connuë
Que rien n'eſt dangereux comme les Vens-coulis.

II. ENTRE'E.

Le Printems precedé de Zephyre & de Flore, les en chaſſe,
& s'y vient établir auec quatre belles Nymphes
qui l'accompagnent.

Zephyre. le Sieur Muſnier S. Elme.
Flore. Mademoiſelle de la Barre.
Le Printems. LE ROY.

Les Nym-

5

Les Nymphes. Les Duchesses de Mercœur, de Crequy,
Mademoiselle de Mancini, & Mademoiselle
de Manneuille.

Dialogue de Zephyre & de Flore, qui celebrent la venuë
du Printems, & qui sont acompagnez d'vn Chœur
de Musique, & de douze Nymphes.

TOVS DEVX ENSEMBLE.

O *Que tout le monde est heureux,*
De voir ce Printems amoureux,
Qui brille d'vne gloire extresme !
Doit-on pas l'appeller ainsi,
Puis qu'il est cause que l'on ayme,
Et que peut-estre il ayme aussi ?

ZEPHYRE.

Ha! Flore, c'en est fait, on le void à sa mine,
Luy-mesme a dans le cœur ce qu'il inspire aux cœurs,
Et dans quelqu'vne de tes Fleurs
Il a rencontré quelque épine.

FLORE.

Quel triomphe d'Amour, s'il est dans ses liens,
Doux Zephyr, qui ressens vne pareille atteinte,
Cesse de murmurer afin d'oüir sa plainte,
Et retien tes souspirs pour entendre les siens.

TOVS DEVX ENSEMBLE.

O que tout le monde, &c.

Pour SA MAIESTE', *representant le Printemps.*

Q *Ve de ce doux Printems on ayme le retour,*
O la bonne saison pour les biens de la terre!
Elle est toute propre à la Guerre,
Et toute faite pour l'Amour.

Que sa jeune vigueur anime de Guerriers,
Et que cette vigueur que la gloire accompagne
Fait pousser dedans la Campagne,
Et de Palmes, & de Lauriers.

De toutes les Beautez il est enuironné,
Et toutes les Beautez ne se peuuent deffendre
De tascher au moins à luy rendre
Cet amour qu'il leur a donné.

B

Il ne faut pas laisser sur la tige vieillir,
Toutes ces belles Fleurs qui sont de son domaine,
C'est le Printems qui les ameine,
C'est au Printemps à les cüeillir.

Pour la Duchesse de Mercœur, *representant vne Nymphe.*

VOus rencontrant icy (*Nymphe toute adorable*)
Ie ne puis vous celer que mon hardy projet
Est de vous découurir tout ce qu'vn Miserable
Ose s'imaginer dessus vostre sujet.

Ce visage en beauté surpasse tous les autres,
Et répand vn éclat digne de mille vœux,
Mes yeux n'ont jamais veu rien de pareil aux vostres,
Et qui s'en croit sauué perit dans vos cheueux.

De peur d'en dire trop (Nymphe) ie me retire,
Si ce mot porte vn sens dangereux, & caché,
Songez que vous estiez dans les mains d'vn Satyre,
Et que c'est en sortir encore à bon marché.

Pour la Duchesse de Crequy, *representant vne Nymphe.*

NYmphe, on ne peut tenir contre vos doux appas,
La raison deuant eux doit mettre bas les armes,
Ils causent bien des maux que vous ne sçauez pas;
Mais outre ces attraits, ces douceurs, & ces charmes,
Vous auez tant d'esclat, & tant de maiesté,
Que si l'on vous trouuoit dans vn bois escarté,
Et qu'on eut vn dessein temeraire & coupable,
Quand pour l'effectuër on y viendroit expres,
Quelque hardy qu'on fût, on ne seroit capable
Que de vous regarder, & de mourir apres.

Pour Mademoiselle Mancini, *representant vne Nymphe.*

CRoyez qu'en agrément nulle ne vous seconde,
Que vous estes parfaite, & de corps, & d'esprit,
Au moins ne sçais-je pas de Nymphe dans le monde
Qui n'en crût de bon cœur les gens qui vous l'ont dit.

Amour tesmoigne bien par de visibles marques
Qu'il medite pour vous des projets glorieux,
Et ce puissant vainqueur des Dieux & des Monarques
Ne fit jamais ailleurs ce qu'il fait dans vos yeux.

7

Donnez à quelques-vns des regards fauorables,
Et ne leur fermez pas l'oreille au Nom de Dieu :
Les plaintes qu'on vous fait sont fort considerables
Jointes à des soupirs qui partent de bon lieu.

Que les Nymphes sans vous fassent mille querelles,
Au fait de la beauté qui trouble leurs esprits,
Que sur la presseance elles soient mal entr'elles,
Laissez leur la dispute, & gardez-en le prix.

Pour Mademoiselle de Manneuille, *representant*
vne Nymphe.

L A plus considerable entre les immortelles
A six Nymphes jeunes & belles
Par qui les feux du Ciel pourroient estre obscurcis.
C'est vne suite assez pompeuse,
Et l'onde où je me mire est tout à fait trompeuse
Si je suis la moindre des six.

Pour nous soûmettre aux loix d'vne autre destinée
L'Amour auecque l'Hymenée
N'ont qu'à parler tous deux d'vn ton clair & distincq :
Nous sommes six filles ensemble,
Telle chose pourroit arriuer ce me semble
Qu'on n'en conteroit plus que cinq.

III. Entrée.

Bachus, & Ceres.   Pomone, & Vertumne.   Triptoleme.
& Lislée, Dryade.

Le Marquis de Saucour, *Bachus.*   Le Sieur Riuiere, *Ceres.*
Le Conte du Lude, *Pomone.* Le Marquis de Villequier,
Vertumne. Le Marquis de Seguier, *Triptoleme.*
M. de Rassan, *Lislée.*

Le Conte du Lude, *representant Pomone Deesse des fruits*

L Es fruits sous mon authorité
Sont bien-tost en maturité,
Et par vne vertu secrette
Quelque ingrat que soit le terroir,
Il n'est si petite fleurette
Que je ne fasse bien valoir.

Pour le Marquis de Villequier, *repreſentant Vertumne Dieu des jardins, & qui changeoit de forme à tout moment.*

SI vous auez deſſein de faire des conqueſtes
Ne changez pas de forme où vous eſtes perdu,
Et tant que vous ſerez baſty comme vous eſtes
Tout l'amour pris par vous ſera par vous rendu.

Le Marquis de Saucour, *repreſentant Bachus,*

DAns l'admiration d'vn Objet éclatant
Dont les doux traits me percent,
Ie m'enyure d'amour, & j'en prends tout autant
Que de beaux yeux m'en verſent.

Le Marquis de Seguier, *repreſentant Triptoleme Inuenteur de l'Agriculture.*

LA derniere Campagne a veu mes premiers pas
Dans le vaſte champ de la Guerre,
Et demandez à Mars ſi je ne me ſuis pas
Employé comme il faut à cultiuer la Terre.

IV. ENTRE'E.

La Diſcorde, la Triſteſſe, la Crainte, & la Ialouſie, eſſayent en vain d'entrer dans le Palais d'Amour.

Les Sieurs le Conte, Doliuet, Lambert, & S. Fré.

MOnſtres, que mal à propos
Vous troublez ce doux myſtere,
Laiſſez l'Amour en repos,
Vous qui ne l'y laiſſez guere.

V. ENTRE'E.

Cupidon pareſt au milieu des Ieux, des Ris, de la Ieuneſſe, & de la Ioye : Les froides Deïtez diſpareſſent à ſon abord, luy voyant, non-ſeulement l'ardeur qu'il a d'ordinaire pour bruſler les Amants, mais encore celle dont il eſt allumé luy-meſme pour la belle Pſyché.

Cupidon. Le Marquis de Villeroy. *Les Ieux, les Ris, la Ioye, & la Ieuneſſe.* Le Marquis Daluy, Meſſieurs de la Chenaye, de Ioyeux, & Coquet.

Pour

Pour le Marquis de Villeroy, *repreſentant Cupidon.*

CE *Cupidon ſi le temps dure,*
En rangera bien ſous ſes loix,
Il ne va pas à la ceinture
Des gens qu'il attaque par fois :
Eſtant Dieu je le tiens antique
Cependant je voy qu'il ſe pique
D'eſtre vn Enfant parmy les Dieux,
Il joüe, il ſaute, il dance, il trote,
Et le petit n'a rien de vieux
Que ſon bon ſens, & ſa calote.

VI. ENTRE'E.

Trois excellents Peintres portez dans le Palais par le vouloir
de l'Amour, pour y ſatisfaire par leurs Ouurages
le ſens de la veuë.

Le Conte de Guiche. M. de Raſſan. le Sieur le Conte.

Pour le Conte de Guiche, *repreſentant vn Peintre.*

TRauaillez (*jeune Peintre*) & ſongez de bonne-heure
A vous rendre en cet art vn Ouurier parfait,
On n'eſt pas mal payé du Tableau qu'on a fait
Lors que l'Original en ſuite nous demeure,

Il faut faire vn Soleil quelquefois d'vne Eſtoile,
Vous auez les Couleurs, la Toile, le Pinceau,
Il ne vous manque plus qu'vn deſſein qui ſoit beau,
Et digne du Pinceau, des Couleurs, de la Toile.

Peut-eſtre l'auez-vous, ſi ce doute vous pique,
Comme ordinairement les Peintres ſont quinteux ;
Ie vous en fais excuſe, & me ſens tout honteux
D'auoir crû qu'vn moment vous fuſſiez ſans pratique.

VII. ENTREE.

Sept Muſiciens venus en ce lieu pour y charmer
le ſens de l'oüie.

Les Sieurs Pinelle, pere & fils & frere, & les Sieurs Grenerin,
Itier, Couperin, & Genay.

LA Musique a tout le pouuoir
Que sur l'Amour on peut auoir,
Et par vne étrange merueille
Son imperieuse douceur
Le cherchant jusqu'au fond du cœur
L'éueille quand il dort, & l'endort quand il veille.

VIII. ENTRÉE.

Comus Dieu des festins acompagné de la Propreté
& de l'Abondance pour le sens du goust.

Le Sieur l'Anglois, & les deux Des Airs.

CE n'est pas tout qu'aimer, il faut de la pasture,
Et bien des gens sont morts d'amour,
Qui réglément deux fois par jour
Ne laissent pas d'auoir besoin de nouriture.

IX. ENTRÉE.

Quatre Parfumeurs chargez des plus douces odeurs de
l'Arabie heureuse pour le plaisir de l'odorat.

M. Cabou, les Sieurs Beauchamp, & Raynal.

AMour est délicat, il faut qu'on assaisonne
De quelque doux parfum ce qu'on luy veut offrir,
Et malheureusement par fois on empoisonne
Ce pauure enfant dans vn soupir.

X. ENTRÉE.

Le cinquiesme & dernier des sens estant reserué à l'Amour
dans la possession legitime de la belle Psyché, elle
arriue acompagnée de la Beauté, & des Graces.

Psyché. Mademoiselle de Gramont. *La Beauté.* Le Duc Damuille.
Les trois Graces. Mesdemoiselles de Nüeillan,
de Gourdon, & de la Porte

Pour Mademoiselle de Gramont, *representant Psyché.*

BElle Psyché, plaine d'apas,
Si l'aparence est veritable,
Vous, & Cupidon n'auez pas
Encor commencé voltre fable.

Vous estes vn couple fort beau,
Né l'vn pour l'autre ce me semble;
Et vostre Lampe, & son Flambeau
Feront bien de brusler ensemble.

Mais tous deux ménagez-vous bien
D'vne delicate maniere,
Il s'enuole quasi pour rien,
Et je croy que vous estes fiere.

Vos yeux sont éueillez & doux,
Et vous n'estes point d'vne taille
A permettre qu'aupres de vous
Amour s'endorme ,ny qu'il baille.

Pour le Duc Damuille, *representant la Beauté.*

PVis que la Loy d'Amour veut que toute personne
Se transforme en l'objet dont son cœur est tenté,
Il ne faut pas que l'on s'étonne
Si je suis la mesme Beauté.

C'est moy qui suis le but de chaque Demoiselle,
C'est de moy seulement qu'elles font vn grand cas;
Telle m'a sans le croire, & telle
Pense m'auoir qui ne m'a pas,

Vn renfort de Beauté digne de cent loüanges
Est tout prest d'augmenter l'éclat ou je me voy,
Le Paradis, & tous les Anges
Vont dans peu reluire chez moy.

La supresme Beauté que tout le monde adore
Releuera bien-tost de mon sacré pouuoir,
Et si je ne l'ay pas encore,
Pour le moins j'aspire à l'auoir.

Pour Mademoiselle de Nüeillan, *representant*
vne des Graces.

CEtte belle a de la fraischeur,
De l'embonpoint, de la blancheur,
Sa modestie est sans seconde,
Et son Amant sans doute aura
La meilleure grace du monde
Alors qu'il la possedera.

Pour Mademoiselle de Gourdon, *representant*
vne des Graces.

*P*Army vous la beauté regne en diuerſes places,
Et d'vn air differant chaque Grace à ſes graces ,
Vous auez vn beau teint , vn vif & doux regard ,
Vous eſtes tres-aymable, & tres-ſpirituelle ,
Mais ce qui m'a percé le cœur à voſtre égard,
    C'eſt que je ſçay de bonne part
Que vous auez la jambe admirablement belle.

    Quand vous ne ſeriez pas faite comme vous eſtes,
Et que vous n'auriez point ces lumieres parfaites
Que les meilleurs eſprits ne découurent qu'en vous :
Quand pour vaincre vn Amant vous n'auriez que cette arme,
Suffiroit-elle pas ? eſt-il rien de plus doux
    Que de languir à vos genoux,
Puis que vous poſſedez vn ſi precieux charme ?

Pour Mademoiselle de la Porte, *representant*
vne des Graces.

O Grace dont les yeux ſont tels,
Qu'il n'eſt rien de pareil au monde ,
Et qui dans le cœur des Mortels
Font vne bleſſure profonde.

    Dont la bouche eſt d'vn incarnat
Qui fait paſlir toutes les roſes ,
Et qui parfumant l'odorat
Monſtre , & dit tant de belles choſes.

    Dont le poil noir ſi doucement
Vous lie vn cœur , & puis en ſuite
Le ſerre ſi terriblement ,
Qu'il ne ſçauroit prendre la fuite.

    Et dont les bras blancs , gros , & ronds ,
Et la gorge à nous mettre en cendre,
Sont veus de l'œil dont les Larrons
Regardent ce qu'ils n'oſent prendre.

    O Grace ! dont les Ris , les Ieux,
Et les Amours ſuiuent les traces !
Que c'eſt vn poſte auantageux
Que d'eſtre dans vos bonnes graces !

XI. En.

XI. ENTRÉE.

Medée , Circé , Alcine , & Armide belles & jeunes Magiciennes ameinent dans ce Palais leurs Amans Iafon, V-
lyffe , Roger , & Renaud , pour y feruir l'Amour par la
force de leurs charmes , s'il en faut ajoufter aux fiens.

Medée , la Ducheffe de Roquelaure. *Circé* , Mademoifelle
de Villeroy. *Alcine* , Mademoifelle de Bonneüil.
Armide , Mademoifelle du Foüilloux.

Jafon , le Duc de Candalle. *Ulyffe* , le Marquis de Saucour.
Roger , le Comte du Lude. *Renaud* , le Marquis
de Villequier.

Pour la Ducheffe de Roquelaure , *reprefentant Medée.*

PAr fes méchancetez elle eft peu décriée,
Encore que fon nom foit connu de chacun ,
Auffi depuis le temps qu'elle s'eft mariée
Elle a fait deux enfans , & n'en a tué qu'vn.

Cette Medée ayant vne beauté diuine
Tout a fait au deffus de la comparaifon ,
C'eft eftre vne Sorciere admirablement fine ,
Qu'on ne luy puiffe pas reprocher vn Iafon.

Elle en auroit beauconp , mais elle les neglige ,
Elle poffede l'art de rajeunir les gens ,
En forte qu'à la Cour ce feroit vn prodige
De foupirer pour elle , & de paffer quinze ans.

Pour Mademoifelle de Villeroy , *reprefentant Circé.*

QVe de cette Circé le regard eft fatal !
      Et qu'elle caufera de mal !
Elle eft trop dangereufe , il faudroit , où je meure ,
      La brufler toute à l'heure.

On tafche à defcouurir par quel charme elle plaift ,
      Et ce qui la rend comme elle eft ,
Et toutes voudroient bien rencontrer quelque fueille
      Des herbes qu'elle cueille.

D

A bien examiner les couleurs de son teint,
Ne diriez-vous pas qu'il soit peint?
Et ces leures qu'on croid n'auoir point de pareilles,
Sont-elles pas vermeilles?

Sa gorge a deux boutons nouuellement esclos
Qui ne paressent guere gros,
Et prouuent quatorze ans qui composent son âge,
Sans qu'elle ait dauantage.

Mais dites luy deux mots, l'enchantement se rompt
Aussi-tost qu'elle vous respond,
Et vous recognoissez comme chose aparente
Qu'elle en a plus de trente.

Pour Mademoiselle de Bonneüil, *representant Alcine.*

D'*Vne jeune lueur elle est enuironnée,*
Et l'on juge à ce blanc remply d'vn tel éclat,
Que cette petite Damnée
Ne sort pas par la cheminée
Quand il faut qu'elle aille au Sabat.

On void à son visage, à son air, à sa grace,
Enfin à cet aymable & dangereux poison
Qui par les yeux dans l'ame passe,
Que cette Sorciere de race
A le charme de sa Maison.

Vne Ame grande & forte en peut estre seduite,
Et pres d'elle aisément on pourroit s'oublier,
Heureux les Demons de sa suite
Qui veilleront à sa conduite!
Mais plus heureux le familier.

Pour Mademoiselle du Foüilloux, *representant Armide.*

T*Out ce que la Magie aussi blanche que nege*
A de force & de priuilege,
Brille en cette personne auec des traits charmans;
Il ne faut point choquer les Puissances diuines,
Et pour produire au jour de grands enchantemens,
Vne taille admirable, & d'autres agrémens,
Sont ses herbes & ses racines.

Pour le Duc de Candale, *representant Jason.*

SONNET.

DEuant ce Conquerant tout autre disparest,
Quelle taille! quel air! & quelle cheuelure!
En a t'on jamais veu d'équipé comme il est
Pour vne glorieuse, & galante auanture?

Il ayme le combat, la victoire luy plaist,
Il est vray que la peine aussi luy semble dure;
Se faut-il embarquer, l'Argonaute est tout prest,
Mais le chagrin luy prend quand le voyage dure.

C'est à dire en deux mots que vous aymeriez fort
Qu'au bruit de vostre Non l'on se rendit d'abord,
Sans donner à vos soins vn penible exercice:

C'est vostre seul defaut (merueille des Iazons)
Et le zele que j'ay pour vous rendre seruice
Vous le dit de la part de toutes les Toizons.

Le Conte du Lude, *representant Roger.*

BRaue, & fameux Roger, honneur des Paladins,
Et le plus cheuelu des modernes Blondins,
Vos traits sont merueilleux, Arioste les vante;
Il vous louë, & dit vray, mais dans cet Autheur là
Il n'est fait mention que d'vne Bradamante,
Et j'en sçay pour le moins cinq ou six par delà.

Exemple de Constance & de Fidelité,
Si l'Amour a permis qu'on vous ait écouté
Aux differens endroits où vous estiez à tasche;
Et si vous n'auez point soupiré pour neant,
Donnez-vous du repos, prenez quelque relasche,
Vous ne fustes jamais rien moins qu'vn faineant.

Pour le Marquis de Villequier, *reprefentant Renaud.*

SAns que par vne dure & penible coruée
Ie coure l'Vniuers de l'vn à l'autre bout,
 Cherchant auanture par tout ;
 L'auanture eſt toute trouuée,
 Il ne faut point aller ſi loin,
La peur de la manquer toutefois m'importune,
 Et c'eſt là que j'ay grand beſoin
 De l'Amour & de la Fortune.

Pour le Marquis de Saucour, *reprefentant Vlyſſe.*

N'En déplaiſe au Pinceau, le plus judicieux
 Pour bien repréſenter Vliſſe,
 Il faut luy mettre dans les yeux
 Plus d'audace que d'artifice ;
 Braue en guerre, braue en amour,
 Ie hay la ruſe & le détour :
Auſſi n'eſt-ce en effet qu'vne pure chimere
Dont la Fable à noircy mon honneur & ma foy,
De ſemblables defauts ne ſont que dans Homere,
Dieu me veille garder qu'ils ſe trouuent chez moy.

XII. ENTRE'E.

Six Eſprits folets de la ſuite de ces belles Magiciennes, qui ſe réjoüiſſent de pouuoir eſtre employez au ſeruice de l'Amour.

LE ROY.   M. Bontemps. Les Sieurs Verpré, l'Anglois, Baptiſte, & le Vacher.

Pour le ROY, *reprefentant vn Eſprit folet.*

SONNET.

ESt-ce choſe réelle ? eſt-ce ſorcellerie ?
Ne ſçauriez-vous, mes yeux, éclaircir ce ſoupçon ?
Adonis eſtoit beau, pourtant ſans flaterie,
L'ESPRIT qui m'apareſt a meilleure façon.

 Cela marche de l'air d'vn grand ieune garçon,
Où la nature a mis toute ſon induſtrie
Et dont toute la Cour pourroit prendre leçon
En fait de bonne grace, & de galanterie.

Comme

Comme font les Amans Cela fait tout ainſi ,
Cela n'aûra vingt ans que dans deux ans d'icy ,
Cela ſçait mieux dancer que toute la gent Blonde ,

Et n'eſt femme à choiſir dans ce grand nombre là ,
A qui Cela ne fit la plus grand' peur du monde ,
Et qui ne ſe rendit volontiers à Cela.

XIII. ENTRE'E.

**Le Silence , la Diſcretion , & le Secret viennent
loger dans le Palais de Cupidon.**

**Le Marquis de Seguier. Les Sieurs de Lorge,
& Doliuet.**

NOus aurions beaucoup à dire ,
Nous ne diſons rien pourtant ,
Et nous voulons qu'on ſoupire
Encore qu'on ſoit content.

FIN DE LA PREMIERE PARTIE.

E

SECONDE PARTIE.

Où l'Amour diuertit la belle Pſyché par
la repreſentation d'vne partie des
merueilles qu'il a produites.

La Gloire qui ne tient point au deſſous d'elle d'eſtre meſlée
dans toutes les merueilles de l'Amour , vient
faire le Recit & s'addreſſe au Roy.

RECIT DE LA GLOIRE.
AV ROY.

GRand Roy, quel deſtin eſt le voſtre ?
Vous auez maintenant tout le monde à vos pieds ,
Et peut-eſtre eſtes-vous vous meſmes aux pieds d'vn autre :
Si l'Amour a ſur vous remporté la victoire ,
Il eſt beau que vous luy cedie ,
La Gloire vous le dit, vous l'en pouuez bien croire.

Iugez par voſtre inquietude
Comme en vain l'on prétend s'affranchir de ſes loix,
Et ne rougiſſe point d'vn peu de ſeruitude :
Si meſme juſqu'aux Dieux il étend ſa victoire ,
Il ne fait point de honte aux Rois ,
La Gloire vous le dit , vous l'en pouuez bien croire.

PREMIERE ENTRE'E.

Iupiter, Apollon, Mars , & Mercure, vaincus autrefois par
l Amour , ſont repreſentez par des eſprits comme
le reſte des entrées qui ſuiuent pour
la gloire de ſa Puiſſance.

Messieurs de Brigny, & de Boësset.   Les Sieurs
Mongé, & le Vacher.

LEs Dieux ont témoigné des transports violans,
Et la galanterie est par eux obseruée,
Ie croirois que ces Dieux se la sont reseruée,
Car les pauures Mortels ne sont gueres Galans.

II. ENTRE'E.

Mome Bouffon des Dieux, suiuy de six insensez qui ont
perdu l'esprit pour auoir trop aymé.

Les Sieurs Molier, Beauchamp, Doliuet, S. Fré,
le Conte, de Lorge, Raynal.

POurueu qu'on soit frapé seulement dans le cœur
Par le trait d'vn bel œil qui nous fait sa conqueste,
Cela n'est presque rien, mais c'est vn grand mal-heur
Quand le coup répond à la teste.

III. ENTRE'E.

Talestris Reine des Amazones, que sa fierté & son auersion
pour les hommes ne sçeurent empescher d'aymer Alexandre, parest auec quatre autres Amazônes amou-
reuses.

Talestris. MONSIEVR, Frere vnique du Roy.
Le Conte de Guiche Le Marquis de Genlis. Mrs de Rassan,
& Cabou. *Amazônes.*

Pour MONSIEVR, Frere vnique du Roy,
representant Talestris.

CHarmante voisine du Thrône,
Où le Ciel a versé ce qu'il a de meilleur,
Comme vne veritable & parfaite Amazône
Vous auez la beauté tout ensemble & le cœur ;
Comme telle par tout vous gagnez la victoire,
Et comme telle enfin (diuine Talestris)
Vous ne cherissez rien à l'égal de la Gloire,
Et ne haissez rien à l'égal des Maris.

Ainſi que ces belles Guerrieres ,
Vous porteʒ dans les cœurs d'inéuitables coups ,
Et ſçaueʒ triompher de toutes les manieres ,
Vos bras deuiennent forts , vos yeux ſont fiers , & doux
Vous aueʒ de l'amour pour le grand Alexandre
De qui toute la terre admire les progrés ,
Vous en aureʒ le cœur , & vous pouueʒ pretendre
Que vous l'attrapereʒ , ſi vous coureʒ apres.

Pour le Marquis de Genlis , *Amaʒône.*

A*Maʒône , diſcrete & ſage ,*
Sans que voſtre pudeur en ſoit bleſſée en rien ,
I'oſerois aſſurer & ie gagerois bien
Que vous aueʒ le corps plus beau que le viſage.

IV. ENTRÉE.

Marc-Antoine ſuiui de la Profuſion & de l'Aueuglement,
qui apres auoir fait d'exceſſiues dépences pour
Cleopatre , ſe fit enfinmourir pour elle.

M. Coquet. Les Sieurs Langlois, & de Gan.

D*E cette paſſion qui ſe peut garentir ?*
De meſme que Céſar il s'en faut diuertir ,
Mais comme Marc-Antoine il ne s'en faut pas faire
Vne ſi furieuſe affaire.

V. ENTRÉE.

Huit Gladiateurs , de ceux que le meſme Antoine donna
autrefois pour ſpectacle à Cleopatre faiſans
vn combat à outrance.

Le Conte du Lude. Les Marquis de Villequier, de Saucour,
de Richelieu, & d'Aluy. Le Conte Carle. M. de Brigny,
& le Sieur le Vacher.

Pour le Marquis de Richelieu, *repreſentant vn Gladiateur.*

Q*Voy que ieune en cent combas*
Voſtre cœur , & voſtre bras
Ont eu beaucoup d'auantage ,
Et vous aueʒ mis au jour
Force preuues de courage ,
Et quelques-vnes d'amour.

VI. EN-

VI. ENTRÉE.

Six Esclaues Mores, donnez par luy-mesme à cette Reyne
d'Egypte, dançans auec beaucoup de disposition
& d'adresse.

Les Ducs de Guise, & Damuille. Les Sieurs Molier, Verbec,
Beauchamp, & Raynal.

Le Duc de Guise, *representant vn Esclaue.*

*CE Dieu m'ayant rangé sous son obeissance
M'a toujours fait subir d'imperieuses loix,
Et ie n'eus de ma vie encore en ma puissance
Le cœur qu'aux ennemis i'ay monstré tant de fois.*

Le Duc Damuille, *representant vn Esclaue.*

*CAptif si iamais ie le fus,
Loin de vouloir ne l'estre plus
I'aspire à l'estre dauantage,
Et tout mon plus ardent souhait
Est que bien-tost le Mariage
Serre le nœu qu'Amour a fait.*

VII. & VIII. ENTRÉE.

Les Bachantes bien plus éprises de la fureur d'amour que
de celle du vin, mettent Orphée en pieces, de rage
de se voir refusées par luy.

Orphée Le Marquis de Genlis. *Bachantes.* Messieurs Bontemps,
Ioyeux, & Barbau. Les Sieurs Langlois, Geoffroy, Baptiste,
S. Fré, Du Moustier, Lambert, Des Airs le jeune,
Laleu, & Bonnard.

Pour le Marquis de Genlis, *representant Orphée
deschiré par les Bachantes.*

*ONt elles resolu de vous oster la vie,
Ou pour vous embrasser de vous prendre au colet ?
Est-ce haine ? est-ce amour ? est-ce rage ? est-ce enuie ?
Vous trouuent-elles beau ? vous trouuent-elles laid ?*

*Pour vous dire le vray, n'estoit vostre grimace,
Ie croy qu'à leur fureur vous vous déroberiez,
Et vostre mauuais sort pourra changer de face,
Moyennant que vous mesme aussi vous en changiez.*

F

Ces femmes ont grand tort, & voſtre plainte amere
Les deuroit émouuoir à vous moins déchirer,
Tel eſt voſtre deſtin, & voſtre propre mere
Commença la premiere à vous défigurer.

I X. ENTRE'E.

Neptune bleſſé ſous les eaux pour Thétis & puis pour Amphitrite accompagné de Tritons

Neptune. Le Duc de Guiſe. *Tritons.* M. Cabou. Les Sieurs Molier,
Beauchamp, Raynal, de Lorge, de Gan, Doliuet, le Conte,
Chaudron, petit S. Fré, Du Manoir, Rouſſeau.

Pour le Duc de Guiſe, *repreſentant Neptune.*

LA mer vous a veu faire entre Naples & Rome
Ce que peut faire vn Dieu ſous la forme d'vn homme,
Vne ſimple Coquille eſtant voſtre vaiſſeau,
En vos mains le Trident paſſa pour vn Tonnere,
Et rien n'a tant paru merueilleux à la Terre
Comme la fermeté que vous euſtes ſur l'eau.

Puis que l'onde eſt ſoûmiſe à voſtre obeïſſance,
Et puis que vous regnez ſur la meſme inconſtance
Vn peu de changement ne vous ſied point trop mal,
Vous pouuez entre cent partager vos tendreſſes,
Et ſans vous conſumer bruſler pour cent Maiſtreſſes
Ayant vn ſi grand fond d'humide radical.

X. ENTRE'E.

Quelques Chaſſeurs comme Meleagre, Cephale, Endimion, &c. tous bleſſez par l'amour.

Le Marquis de Villeroy. Le Comte Carle. Meſſieurs de la Cheſnaye,
& Raſſan. Les Sieurs Mongé, Lerambert, Riuiere, & Vagnac.

Pour Monſieur de Raſſan, *Chaſſeur.*

LEs peines de ce Chaſſeur,
Son aureſſe, & ſa douceur
Ne ſeront pas infertilles,
Il fera progrés nouueaux,
Ses pas pour eſtre inutilles
Sont trop iuſtes, & trop beaux.

XI. ENTRE'E.

Les quatres Elemens compofant le monde, qui ne fubfifte
que par l'Amour, & par cette raifon feruant
à fa gloire & à fa puiffance.

Le Duc de Roquelaure, le Marquis Daluy, M. Coquet,
& le Sieur Verbec.

Pour le Duc de Roquelaure, reprefentant vn Element.

*QVel que foit l'embaras, & la diuifion
Entre mes compagnons que la difcorde affemble,
J'eftois plus auant qu'eux dans la confufion,
Et feul plus intrigué que tous les trois enfemble,
Mais grace à mon adreffe, il n'eft point d'Element
Qui fe foit du chaos tiré plus galament.*

Pour le Marquis d'Aluy, reprefentant vn Element.

*AMour, dont le puiffant effort
Nous a mis tous quatre d'accord,
Ie ne me veux mefler ny d'effets, ny de caufes:
A mes affociez ie laiffe de bon cœur,
Toute la gloire, & tout l'honneur
De la fubfiftance des chofes,
Qu'à celle qui me plaift ie plaife feulement,
Et que ie fois fon Element.*

XII. ENTRE'E.

Vn Antre s'ouure, Pluton pareft fur fon Trône, enuironné
de Demons, la Crainte, le Soupçon, le Defefpoir
& la Ialoufie font vn Concert Italien, fouftenu
de diuers Inftrumens.
Compofez par le Sieur Baptifte.

CHORO DI PASSIONI AMOROSE.

*DEll' inferno, e d'amore
Noi fiam partj infelici, e lagrimofi,
Ch' in eterno dolore
Non fappiam quai martir fian più penofi
Dell' inferno, ò d'amore.
Pur s'auuien che gran beltà,*

Su l'altrui meſto languire
Volga vn raggio di pietà
Il penar diuien gioire.
   Ne ſi dà
   Maggior contento
   Ch' il tormento
   Quando in gioie ſi disfà.

LA GELOSIA.

   Geloſo Veleno
Che ſempre ohime
Inondi il mio ſeno
Non v'è nò non v'è
Velen più amaro, e più mortal di tè;
Mà pur ſe pentita .
Colei che tradì
Promette di nuouo più ſalda la fè
Diuenti ſi ſi
Dolcezza infinita.

CHORO. Ne ſi dà, &c.

IL SOSPETTO.

   Soſpettoſi furori
Qualhor da voi queſt'alma é tormentata
Oh che morte ſpietata
Viuer ſepolto ohime ne voſtri horrori;
Pur ſe fia che mai diſgombre
Le voſtre ombre
Lo ſplendor che ſi ecliſsò
D'vna vera fedeltà ,
Non mai tanta allegrezza il cor prouò.

CHORO. Ne ſi dà, &c.

LA DISPERATIONE.

   A Diſperata ſorte
Ceda ceda, ogni duolo
Che à tal' affanno è ſolo
Refrigerio la morte;
Pur ſe riſſorge vn dì
Speme che in cenere
Disfata è già
Non mai più tenere
Soauità
Amor ſentì

CHORO. Ne ſi dà, &c.

IL TIMORE.

   Il timor qual'hora affrena
Che d'amore il foco eſali
Nel vietar rimedio a i mali
Doppia ohime rende ogni pena;

Pur ſe al fin mai l'aſſicura
Di ſuperbi lumi vn riſo
Farto ardito all'improuiſo
Fabro è poi d'ogni ventura.

CHORO. Coſi cangia anch'or qui giù
Le ſtupende
Sue vicende
L'amoroſa ſeruitù
Coſi amor con la ſua face
Fà l'inferno & il Ciel doue à lui piace.

La Geloſia.	La Signora Anna.	Bergerotta.
Il Soſpetto.	Il Signor Tondi.	
La Deſperatione.	Il Signor Tagliavacca.	
Jl Timore.	Le Sieur Meuſnier S. Elme.	

Pluton & ſa Cour tenebreuſe témoignant par vne danſe
toute extraordinaire que l'Amour inſpire
la gayeté juſqu'aux Enfers.

Pluton. LE ROY.

Demons. Meſſieurs Bontemps, Tartas & Barbau. Les Sieurs Verpré,
Baptiſte, les deux Des-Airs,

Pour LE ROY, *repreſentant Pluton.*

IVpiter à ſon gré peut tonner ſur les Monts,
Pour moy, j'ay ma puiſſance icy bas renfermée,
Et la Cour où je regne eſt fertille en Démons,
Cét Abiſme produit quantué de fumée :
La haine, l'intereſt, l'ambition, l'amour,
Tantoſt tous quatre enſemble, & tantoſt tour à tour
Sont de ces Mal-heureux la peine longue & rude,
Perſonne ſous ma loy n'eſt exempt des ennuis,
Chacun a ſa miſere, & tout Dieu que je ſuis
N'ay-je pas mon inquietude ?
Apres auoir vaincu la Nuict, & le Chaos
Qui broüilloient pour m'oſter la qualité de Maiſtre,
Et comme je penſois joüir de ce repos
Où l'Enfer eſt luy-meſme autant qu'il y peut eſtre,
Ie ſens dans mon eſprit de nouueaux embaras,
Vne guerre inteſline, & de ſecrets combas,
Il ſe coule en mon cœur vne douce amertume,
Mon Thrône n'en deuient ny plus ny moins ardent,
Mais comme je l'éprouue il y fait cependant
Beaucoup plus chaud que de coutume.

G

XIII. ENTRE'E.

Les Heures ayant commencé à pareſtre éueillent l'impatience de l'Amour, & luy font confeſſer à Pſyché qu'elles luy durent des années ; Il leur fait ſigne de ſe haſter, & leur Entrée ayant moins duré que les autres, elles font place à l'Hymen & à tous les Plaiſirs qui font la derniere Entrée.

Le Sieur de Riberac, *repreſentant la Deeſſe Themis.*

Les Heures. Meſdemoiſelles

Dambourg,	Tajollet la jeune,
les Sergents,	de Riberac,
Simonet,	Girau,
de Longueil,	du Mouſtier,
Molier,	Thierry,
Tajollet,	& du Clou.

Pour les petites Filles qui repreſentent les douze Heures du Iour.

L'*Impatience de l'Amour*
Eſt aſſez iuſte ce me ſemble,
Puis que ces douzes heures du iour
Font vn ſiecle toutes enſemble.

XIV. ET DERNIERE ENTRE'E.

L'Hymen & tous les Plaiſirs.

MONSIEVR Frere vnique du Roy & toutes les Dames.

Pour MONSIEVR, *repreſentant l'Hymen.*

V*Ous ne vous reſſemblez de poil, ny de viſage,*
Non ce n'eſt point l'Hymen qui pareſt en ce lieu,
Et plus propre à brouiller, qu'à faire vn mariage,
Vous en eſtes pluſtoſt le Demon que le Dieu.

FIN DV BALLET.